Aux termes des statuts de l'association, l'assemblée générale avait à remplacer 5 membres du comité. Savoir : MM. Lockroy et Chollet, (démissionnaires), Duprez, Singier et Albert désignés par le sort. MM Duprez, Singier, Albert, Chéry (Louis) et Moëssard ont été élus.

Nouvelle composition et organisation du comité annuel.

M. LE BARON TAYLOR, président.

MM. Samson.
Singier.   } Vice-présidents.
Fontenay.

Albert.
Ch. Potier.   } Secrétaires.
Dubourjal.
Henry.

Delaistre.   Archiviste.

Régnier.
Duprez.
Derivis.
Bocage.
Lepeintre (aîné).
Raucourt.
Tisserant.
Lemenil.
Gauthier.
Guyon.
Chéry (Louis).
Moëssard.

CONSEIL JUDICIAIRE.

MM. Bonnaire, notaire.
Ramond de la
Croisette.   } Avoués.
Dufeu.

Chaix d'Estanges
Boinvilliers.   } avocats.
Caignet.
Syrot.

Nouguier.
Duremont.   } agréés au tribunal de commerce.

Thuillier, agent général, rue Boucherat, 34, à Paris

3

SITUATION DE LA CAISSE DE LA SOCIÉTÉ
au 25 avril 1841.

Recette :

Montant des recettes faites à Paris pour 1ʳᵉ mise
  et cotisations. 10991 75
Montant des recettes faites dans les départements
  pour 1ʳᵉˢ mises et cotisations. 2855 75
Montant brut de la représentation donnée
  au Ranelagh. 395 »
Montant brut de la représentation donnée au
  théâtre de la Gaîté. 1680 »
Montant brut du bal donné au foyer de l'O. C. 2650 «
Montant du semestre au 22 septembre 1840
  des rentes 5|0. 140 »
Montant du semestre au 22 mars 1841 des rentes 5|0. 225 »

Total de la recette. . . . 18937 50

Dépenses :

Montant des secours mensuels accordés à 9 anciens artistes de Paris. 595 »
Montant des secours accordés à 19
  artistes de Province. 305 » } 1200 »
Montant du secours extraordinaire ac-
  cordé à deux sociétaires victimes de
  l'inondation de Lyon. 300
Achat de 650 fr. de rente 5/0 sur l'é-
  tat au nom de la société. 14590 25

15790 25

Report   15790 25

Montant des factures payées pour impression du rapport de M. Samson, des circulaires et livrets.	340 50
Location de la salle pour l'assemblée du 26 avril 1840.	55 »
Montant des frais payés à M. Bonaire, notaire pour enregistrement d'acte (sans honoraire).	172 70

Montant des frais pour la représentation du Ranelagh.	582 10	
Montant des faux frais pour la représentation de la Gaîté.	16 »	1302 10
Montant des frais pour le bal.	904 »	

Abonnement aux journaux.	20 »
Montant des frais de perception et de correspondance.	380 84
Argent en caisse au 25 avril 1841.	876 11

BALANCE :   **18937 50**

OBSERVATIONS.

En outre de la recette ci-dessus	18937 50
Il reste à recouvrer de divers sociétaires de Paris et de Province pour premières mises et souscription au bal une somme de	1500 »
Il résulte que l'actif de la société est élevé pour la 1re année du 1er avril 1840 au 1er avril 1841	
à la somme de	20,457 50

A L'ASSEMBLÉE GÉNÉRALE

PAR M. SAMSON, PRÉSIDENT.

« Messieurs et chers camarades,

« Quand nous nous réunissions dans cette enceinte, il y a un an, pour poser la première pierre de notre association, à l'espoir de voir grandir et s'achever l'édifice que nous élevions, il se mêlait peut-être un peu de cette crainte qu'inspire toujours l'incertitude de l'avenir.

»Aujourd'hui, il n'est plus question de crainte ni d'un avenir incertain ; c'est du présent que nous venons vous entretenir, d'un présent heureux, d'une prospérité réelle, qui doit dissiper toutes les défiances et vaincre toutes les incrédulités.

»Pour constater le progrès de l'Association, il suffit de dire que l'an dernier, à pareille époque, elle ne comptait que 528 membres, et que le nombre des sociétaires dépasse aujourd'hui, onze cents.

»La recette a été de 18,937 fr. 50 cent.

»Elle se compose : 1º des dons volontaires et cotisations mensuelles, tant de Paris que des départements ; c'est un total de 13,847 fr. 50 c., où, Paris figure pour 10,991 fr. 75 c., et la province pour 2,855 fr. 75 c.

» 2º Du produit de deux représentations et d'un bal donnés au bénéfice de notre caisse.

» **3⁰ Des** intérêts provenant des placements successifs sur l'État.

»La société a un capital de 14,500 fr. 35 c. qui inscrit sur le grand livre, au nom de l'Association des artistes dramatiques, lui donne, au taux de cinq pour cent, une rente annuelle de 650 fr.

»En ajoutant à la recette effectuée, le montant de recouvrements à opérer et s'élevant à 1,500 fr. plus un avoir en caisse de 876 fr., l'Actif de l'Association aurait été, pour l'année, à partir du 1er avril 1840, jusqu'au 1er avril 1841, de 20,437 fr. 50 cent.

»Le Comité a distribué 1,200 fr. de secours, savoir : 595 fr. à neuf anciens artistes, demeurant à Paris, et 605 fr. à vingt et un artistes des départements. Dans ce dernier chiffre, est comprise une somme de 300 fr. que nous nous sommes empressés d'envoyer à deux comédiens estimables, frappés dans leur dernier espoir. Une petite maison, construite par eux, avec le fruit de leurs longues économies, avait été renversée par l'inondation qui a désolé la seconde ville du royaume. C'était l'abri de leur vieillesse qui leur était enlevé; ils avaient tout perdu, et ce que nous offrions était bien peu pour une telle infortune. Mais notre denier a été reçu avec une reconnaissance dont la touchante expression, consignée dans nos procès-verbaux, nous a fait regretter plus vivement encore de n'avoir pu donner davantage.

»L'état exact des recettes et des dépenses sera imprimé, et vous y verrez la preuve de l'économie avec laquelle votre comité s'est efforcé d'administrer; mais aussi, nous devons le proclamer hautement, tout s'est réuni pour nous rendre cette tâche facile, et nous n'avons rencontré de toutes parts que le dévouement le plus désintéressé. Vous connaissez sans doute la généreuse conduite de MM. les directeurs du théâtre de la Gaîté, qui, après nous avoir offert l'ouvrage le plus productif de leur répertoire, n'ont prélevé sur la recette qu'une somme médiocre qui ne couvrait pas même leurs frais. M. Dennery n'a point voulu percevoir son droit d'auteur, dont il a déclaré nous faire l'abandon pour tous ceux de ces ouvrages qui figureraient à l'avenir dans les représentations au bénéfice de notre caisse.

»MM. les directeurs de l'Opéra-Comique ont mis gratuitement à notre disposition le foyer de leur théâtre pour le bal que l'Association a donné, et dont l'éclairage gratuit a été fourni par M. Marguerite.

»Nous nous abstenons de louanges : les faits parlent assez.

»Nous avons trouvé un appui très actif chez plusieurs directeurs et régisseurs de la province. Nous citerons MM. Solomé à Bruxelles ; Combette et Hortos à Limoges ; Herguez et Célicourt à Lyon ; Alanzier, Dufrenoy à Cambray ; Haquette à Caen ; Comte et Moëssard à Paris.

»Plusieurs de nos camarades ont très efficacement servi les intérêts communs, en allant au loin recueillir des signatures et des dons. Ces heureux missionnaires de l'Association sont MM. Bouffé, Bocage, Lhérie, Duprez, Emile Taigny, Lemesnil, Philippe Roustan, Guyon, Chollet, Dérivis.

»MM. les correspondants des théâtres nous

ont aussi prêté un concours dont nous les re-
mercions.

»Nous avons sollicité, auprès du directeur de
l'Académie royale de Musique, une représentation que divers obstacles ont retardée, mais qui
nous a été formellement promise.

»Le Comité se proposait de mettre en loterie
un riche album, pour lequel il a fait aux
gens de lettres et aux artistes les plus distingués,
un appel qui a été entendu, et auquel on s'em-
presse chaque jour de répondre.

»Des négociations ont déjà été entamées avec
des directeurs, soit de la province, soit de Paris,
pour de nouvelles représentations à bénéfice.

»Aux termes des statuts, le Comité ne doit se
rassembler qu'une fois par mois, ce qui porte
le nombre de ses réunions à douze par an ; il a
tenu soixante séances.

»Un agent était indispensable à l'Association,
pour ses recouvrements, et nous n'avons qu'à
nous applaudir du choix que nous avons fait, en
voyant le zèle intelligent avec lequel M. Thuillier s'acquitte de ses fonctions. On ne taxera
point d'exagération le chiffre de ses frais de
perception qui, en y comprenant même les ports
de lettres, s'élève en tout à 380 fr. 84 c.

»Cependant, malgré toute l'activité de notre
agent, la perception des cotisations mensuelles
éprouve dans la province de continuels obstacles ; c'est à vous, Messieurs et chers camarades,
d'aider votre nouveau Comité à les aplanir.
Le solde d'une année entière ou du moins d'une
demi-année, pour lequel des quittances seraient
délivrées, pourrait être un moyen efficace d'épar-

gner à l'administration des difficultés dues à l'é-
loignement des lieux, au déplacement continuel
des artistes, et à d'autres causes encore. MM. les
directeurs et les régisseurs peuvent aussi nous
être d'un grand secours, en percevant eux-mêmes les cotisations dans leurs théâtres : quelques-
uns ont bien voulu le faire. Ceux qui suivraient
cet exemple rendraient à l'Association un éminent service.

» L'Association a été créée, non-seulement
pour secourir l'infortune, mais pour protéger et
défendre les droits des artistes dramatiques : ce
second devoir a été accompli. Les acteurs de
l'Ambigu-Comique, privés de leurs appointements, se sont adressés au Comité, qui a aussitôt
convoqué votre conseil judiciaire ; des poursui-
tes ont été faites, et par un jugement prompte-
ment obtenu, sur un cautionnement de 30,000 fr.,
une somme de 15,000 fr. a été affectée au paie-
ment des artistes. Les acteurs du théâtre Saint-
Antoine ont aussi trouvé dans le Comité, un ar-
dent défenseur de leurs intérêts : un jugement
qui leur est favorable, a été rendu en première
instance ; on plaide en ce moment sur l'appel.
Nos éloges seraient au-dessous du dévouement si
désintéressé que MM. les membres de notre conseil judiciaire ont déployé dans ces circonstances.

»D'après ce rapide exposé, vous penserez sans
doute comme nous, messieurs et chers camarades, que notre association est appelée à de bril-
lantes destinées, et que les résistances que nous
rencontrons encore, tomberont devant une
prospérité toujours croissante. Ici, ce n'est pas
l'égoïsme de l'intérêt privé dont nous avons à

triompher ; qu'aurait-il à souffrir de la faible ré-
tribution qu'imposent nos statuts ? C'est l'amour-
propre qui craint de se compromettre dans une
entreprise livrée aux chances de l'avenir, qui re-
cule devant son propre doute, et peut-être devant la raillerie des autres ; il place l'honneur
dans le succès : Que le succès nous le ramène !

»Si tous les artistes dramatiques se ralliaient à
nous, quelle force dans un tel faisceau ! Quels
avantages incalculables pour la corporation et
les individus ! Quand elle veut les apprécier, la
pensée en est comme éblouie.

»Serait-il vrai qu'on eût essayé de nous rendre
suspects aux directeurs, en nous représentant
comme une ligue contre leur puissance ? Ce serait
là une calomnie que nos actes se chargeraient de
réfuter. Nous savons que les intérêts des artistes
dramatiques sont étroitement liés à ceux des di-
rections , et que les charges énormes qui pè-
sent sur les administrations théâtrales ont besoin
d'être allégées par le zèle des comédiens et par
l'exact accomplissement de leurs devoirs. Eh !
pourquoi serions-nous hostiles aux directeurs ?
plusieurs d'entre eux ne sont-ils pas sortis de nos
rangs ! Si notre association a pu leur donner quelque ombrage, qu'ils se rassurent! L'esprit d'in-
discipline , l'oubli des devoirs, le mépris des
obligations contractées, s'ils cherchaient un appui parmi nous, n'y trouveraient que l'expression du blâme le plus sévère.

»Vous avez remarqué avec peine, Messieurs
et chers camarades, l'absence de votre président,
de celui à qui votre juste reconnaissance a dé-
cerné le titre de fondateur; une mission le retient

à l'étranger. Il fallait un devoir bien impérieux pour nous priver de sa présence; car son dévouement à nos intérêts ne s'est jamais démenti. Il s'afflige de ne pouvoir se trouver au milieu de vous dans cette occasion solennelle, et il m'a chargé d'être l'interprète de son profond regret.

»Messieurs et chers camarades, nos travaux sont terminés : vous en connaissez le résultat; la commission qui a élaboré vos statuts disait l'année dernière dans son rapport : *A dater d'aujourd'hui, la société des Artistes Dramatiques est fondée*, le comité qui vient déposer ses pouvoirs entre vos mains, ne craint pas d'ajouter : *Elle est indestructible.*

NOTA. L'assemblée a voté par acclamation l'impression du compte-rendu.

ASSOCIATION DES ARTISTES DRAMATIQUES.

STATUTS DE LA SOCIÉTÉ.
CAISSE DE SECOURS.

CHAPITRE PREMIER. — *Objet de la Société.*

Art. 1er. Une Association est établie par les présens Statuts entre tous les Artistes dramatiques français.

Art. 2. Le but de cette Association est la création d'une caisse de secours dans l'intérêt des Artistes faisant partie de l'association.

Il sera pourvu ultérieurement, et sur les bases que l'expérience démontrera les plus avantageuses, à l'établissement d'une caisse de pensions destinée à améliorer et à assurer le sort des comédiens lorsqu'ils auront pris leur retraite.

Enfin, indépendamment de la caisse de secours et de pensions, l'Association viendra en aide à chacun de ses membres, par tous les moyens qui seront en son pouvoir, et dans toutes les circonstances où son intervention sera jugée nécessaire, soit pour améliorer sa position, soit pour défendre ses droits.

Art. 3. Sont aptes à faire partie de l'Association, tous les Artistes dramatiques français en exercice ou retirés.

Pour être membre de l'Association, tout Artiste dramatique doit :

1° Signer son adhésion aux présents Statuts, soit par acte en suite des présentes, soit dans la forme qui sera ultérieurement déterminée par le Comité ci-après institué;

2° Payer exactement la cotisation mensuelle ci-après fixée.

Par le fait seul de son adhésion aux présents Statuts, chaque Artiste est censé avoir fait, au profit de la caisse de secours, délégation de ses appointements jusqu'à due concurrence, et autorise de plein droit le Comité à toucher directement, et sur sa simple quittance, de toutes administrations théâtrales, le montant de sa cotisation mensuelle.

Si, pour quelque cause que ce soit, le Comité ne peut exercer ce prélèvement, le membre de l'Association qui aura manqué à son engagement sera déchu de plein droit des avantages de l'Association, et les sommes par lui versées antérieurement resteront acquises à la caisse de secours d'une manière définitive.

Bien que la déchéance soit encourue de plein droit, et qu'elle soit posée en principe, cependant le comité sera juge des causes qui auront pu empêcher un membre de l'Association de payer exactement sa cotisation, et seul il décidera si ce membre doit être relevé de sa déchéance, ou si elle doit être maintenue.

Dans tous les cas, nul ne pourra rentrer dans le sein de l'Association sans avoir comblé son arriéré.

CHAPITRE II. — *Nature de la Société.*

Art. 4. N'auront droit aux avantages de l'Association que les Artistes en faisant partie.

Seulement, dans des cas rares et exceptionnels, dont lui seul restera juge, le Comité pourra faire participer auxdits avantages, et seulement à titre de secours temporaires, soit un Artiste malheureux qui se trouverait en dehors de l'Association, soit les enfants d'un Artiste mort dans le besoin.

Art. 5. L'Association prend le nom de : ASSOCIATION DES ARTISTES DRAMATIQUES.

Art. 6. Le siége de la Société est provisoirement établi chez M. le baron Taylor, fondateur de l'Association, rue de Bondy, n° 54, à Paris.

Le Comité sera juge de l'opportunité de le transférer ailleurs et du lieu où il devra l'être, selon les besoins, le développement et l'extension de la Société.

Art. 7. Attendu sa nature, la durée de la Société est illimitée.

Son but étant spécialement une distribution de secours, il ne s'agit que d'une administration et d'une répartition de fonds confiés au zèle d'un Comité se renouvelant tous les ans et devant se perpétuer ainsi sans qu'il puisse y avoir lieu, en aucun cas et sous aucun prétexte, à une liquidation du capital, qui doit continuellement faire masse, et dont les intérêts seuls seront employés en secours.

Art. 8. La Société est une Société purement civile.

Seulement, d'après son extension et l'importance qu'elle peut être destinée à acquérir, on déterminera s'il y a lieu et opportunité à demander sa conversion en Société anonyme.

Le Comité sera toujours juge à cet égard, et il est et demeure autorisé à faire toutes les démarches et demandes, s'il y a lieu.

Art. 9. Il est arrêté en principe que la caisse de secours donne et ne prête pas.

Toute personne demandant un secours devra adresser sa demande à l'un des membres du Comité indistinctement.

Cette demande devra être formulée par écrit.

Elle sera soumise au Comité et discutée dans la plus prochaine réunion.

CHAPITRE III. — *Fonds Social.*

Art. 10. Le fonds social se composera :

1º D'une cotisation mensuelle versée par chaque membre de l'Association, du 1er au 10 de chaque mois, dans la caisse sociale ;

Cette cotisation est fixée à 50 centimes par mois, et devra être remise par chaque Artiste, soit au siége de la Société, soit entre les mains de l'agent commis.

La caisse de secours ne sera pas tenue de donner de quittance. Il suffira de l'émargement sur la feuille de cotisation qui sera dressée pour chaque théâtre à cet effet.

2º Des dons volontaires, legs, représentations à bénéfice, et généralement de toutes les recettes que le Comité pourra réaliser, tant en dedans qu'en dehors de l'association ;

3º Et de l'excédant des intérêts des capitaux appartenant à la Société sur les dépenses faites pendant le cours d'une année, lequel excédant devra être placé par les soins du Comité comme le reste des capitaux de l'Association.

Art. 11. Toutes les recettes de la Société seront converties en rentes sur l'État.

Les intérêts ou arrérages produits par les fonds appartenant à la Société seront à la disposition du Comité, qui ne pourra jamais, en aucun cas, et sous aucun prétexte, en aliéner le capital.

Cependant le Comité est et demeure autorisé à disposer d'une somme de 50 francs par mois, jusqu'au jour où l'Association sera parvenue à se constituer une rente de 600 francs.

Si, pendant le cours d'une année, le Comité, d'après les rentrées des revenus et des cotisations de l'Association, jugeait qu'il y a somme plus que suffisante pour le service de la caisse de secours, sans que la somme fût assez importante pour en faire un placement en rentes, qui d'ailleurs présenterait l'inconvénient de devenir inaliénable, et qui pourrait ainsi entraver les secours, le Comité pourra placer cet excédant à la Caisse d'épargnes, en prenant un livret au nom de l'Association.

Cet emploi aura pour but de laisser à la disposition du Comité une somme suffisante pour parer à tous les besoins, sans faire perdre d'intérêts à l'Association.

CHAPITRE IV. — *Assemblées générales.*

Art. 12. L'assemblée générale se composera de tous les signataires de l'acte d'Association et de ceux qui auront envoyé leur adhésion.

L'assemblée générale sera convoquée chaque année dans la première quinzaine de mai.

Elle pourra être réunie dans tous les cas extraordinaires, quand le Comité le jugera convenable.

Il sera donné avis dans un journal politique et dans un journal de théâtre, au choix du Comité, tant de la réunion annuelle que des réunions qui pourraient être provoquées dans le courant de l'année.

Par le seul fait de cet avis et sans qu'il y ait besoin d'autres, tous les sociétaires seront prévenus valablement, et l'assemblée générale aura lieu et délibérera, quel que soit le nombre des membres présents.

Du reste, le Comité prendra tous les moyens de publicité qu'il croira convenables.

L'assemblée générale nommera, dans sa réunion du mois de mai, un Comité qui sera composé de vingt membres.

Ce Comité sera renouvelé tous les ans par quart.

Le sort désignera les membres sortants, qui pourront toujours être réélus.

Les délibérations seront faites au scrutin secret, à la majorité relative des voix.

Le président du Comité en exercice est de droit président de l'assemblée générale.

Le président, les vice-présidents et secrétaires du Comité exerceront les mêmes fonctions dans les réunions de l'assemblée générale.

CHAPITRE V. — *Comité de l'Association.*

Art. 13. Le Comité sera composé :

1° De M. le baron Taylor qui, à titre de fondateur de l'Association, est et demeure de droit membre à perpétuité du Comité ;

2° Et de vingt membres choisis comme il est dit ci-dessus.

Aussitôt après son élection et dans la réunion qui suivra, le Comité choisira parmi ses membres un président, trois vice-présidents et quatre secrétaires.

Le Comité s'assemblera une fois par mois.

Il pourra être convoqué extraordinairement toutes les fois que le président le jugera convenable, ou lorsque cette convocation sera demandée par six membres.

Le Comité statuera à la simple majorité.

En cas de partage, la voix du président sera prépondérante.

Le Comité est appelé :

1° A délibérer sur les demandes de secours qui lui seront adressées ;

2° A délibérer sur toutes les mesures à prendre dans l'intérêt des Artistes dramatiques faisant partie de l'Association.

Le Comité est également chargé de tout ce qui concerne le bon ordre et l'administration de la Société.

Ainsi, il s'occupera spécialement de la perception des cotisations et de la manière la plus convenable pour y arriver, de l'organisation sur une plus grande échelle, au fur et à mesure de son extension, du loyer et des nominations et appointements des personnes qu'il conviendrait d'employer à l'œuvre qu'on se propose de constituer.

Et enfin du maniement des fonds en ce qui concerne seulement les intérêts des capitaux à employer en secours, de la distribution des secours et du placement en rentes de ce qui n'aura pas été donné et distribué dans le courant de l'année.

Le Comité déléguera, s'il y a lieu, un ou deux de ses membres pour les rapports que rendront nécessaires les affaires de la Société, soit avec les sociétaires eux-mêmes, soit avec l'autorité, soit avec les directeurs, soit même avec les notaire, avoué ou agent de change de la Société, et avec toutes administrations, telles que le Trésor, la caisse d'épargnes et toutes administrations.

Dans ce cas. une procuration collective et signée de tous les membres du Comité suffira.

Attendu que les fonctions du Comité sont purement officieuses et n'entraînent aucune gestion ni responsabilité, par le seul fait de la réunion de l'assemblée générale annuelle et de la nomination du nouveau comité, tous les membres sortants sont et demeureront de plein droit entièrement déchargés et en dehors de toute responsabilité, sans qu'il soit besoin d'aucune décharge de quelque nature que ce soit.

Pour son ordre particulier le Comité aura un réglement d'intérieur auquel chacun des membres se trouvera soumis.

En cas de démission ou de décès d'un ou de plusieurs des membres du Comité dans le courant de l'année, il ne sera point pourvu à leur remplacement avant l'époque du renouvellement annuel, à moins que le Comité juge nécessaire d'y pourvoir en provoquant une assemblée générale.

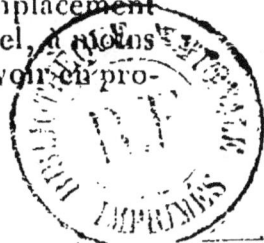

CHAPITRE VI.

Art. 14. Si, dans le cours de l'Association, l'expérience démontrait que des modifications dussent être apportées aux présents Statuts, le Comité seul est investi du droit de faire ces modifications qui, par le fait de l'approbation des membres du Comité, feront partie des présents Statuts et devront être seulement déposés pour minute au notaire de l'Association par un acte signé de tous les membres du Comité.

Toutefois ces modifications ne pourront être apportées et établies en Statuts qu'après avoir été soumises et approuvées par le Conseil judiciaire; ce qui sera mentionné sur le registre de délibérations du comité.

CHAPITRE VII. — *Conseil judiciaire.*

Art. 15. La Société sera pourvue d'un Conseil judiciaire composé :

1° D'un notaire ;

2° D'un avoué près le Tribunal civil en première instance ;

3° D'un avoué à la Cour royale;

4° De quatre avocats près la Cour royale ;

5° Et de deux agréés près le Tribunal de commerce.

Ce Conseil judiciaire sera choisi par le Comité de l'Association.

CHAPITRE VIII. — *Comité consultatif.*

Art. 16. On pourra, lorsque le Comité le jugera convenable, créer un Comité consultatif qui sera composé d'anciens directeurs, correspondants de théâtre ou notabilités dans les lettres et les beaux-arts.

Il ne pourra jamais être composé de plus de six personnes.

Le Comité de l'Association, toutes les fois qu'il le jugera convenable, convoquera le Comité consultatif.

Fait et délibéré en conseil, par les membres du Co-

mité de l'Association des Artistes dramatiques sous-
signés,

Baron J. Taylor, fondateur ; Samson, président ;
Singier, vice-président; de Fontenay, vice-prési-
dent: Raucourt, Bocage , Leménil; Régnier ,
A.-F. Albert, secrétaires.

Paris, le 16 mars 1840.

Enregistré à Paris, le 21 mars 1840, fr 87, R. C.
4 et 5, Reçu 5 fr. 50 c., le 10e compris.

Signé Chamlect:

---

*Liste des artistes qui ont souscrit une première
mise pour fonder l'association.*

Achard, Palais-Royal
Abit, (mad.) Panthéon
Achille, (mad.) id.
Adolphe Trèveys
Adalbert. Wagner
Agnèse, (mad.) Mont-Par-
nasse
Aimé, Bordeaux
Alexandre, th. S.-Antoine
Alexandre, Lyon
Alexandre, Français
Alexandre, Caen
Albert, Ambigu
Alerme, Lyon
Alizar, Opéra
Arnold, id.
Albert, (Rodrigue,) id.
Albert, (mad.) id.
André Hoffman, id.
Ambroise, Lyon
Amélie (Mlle) Folies-Dra-
matiques
Amy, Gaîté
Amy, (mad.) id.

Anatole, Folies
Aniel, Lyon
Anna, Luxembourg
Armand, Vaudeville
Armand, Panthéon
Arnal, Vaudeville
Andran, Lyon
Auguste, Luxembourg
Augustine, id.
Augustine, Mont-Parnasse
Auriol, Cirque
Avenel, (mad.) Français
Aymard, Caen
Aymard, (Maria,) id.
André, Lyon
Bazire, (mad.) Toulouse
Baume, id.
Baucheron, (mad.) Temp.
Baucheron, Achille, Folies
Barthélemy, Opéra
Barré, id.
Barré, Panthéon
Bardou, Vaudeville
Balthazar, (mad.) id.

Boudois, Rouen
Barbery, Bordeaux
Besancenot, Lyon
Barqui, id.
Barqui, (mad.) id.
Bezeville, id.
Billon, (Constant,) direct. Clermont.
Berlat, id.
Berton, Rouen
Berger, Bruxelles
Berger, (mad.) id.
Bergeron, Lyon
Berthault, (Julien,) Opéra-Comique
Berthault, Paris
Boutin, (mad.) St-Antoi.
Bernard, (Léon,) ainé, Pa. Royal
Bergeon, (mad.) Panthé.
Belnie, Toulouse
Belmont, Folies-Dramatiq.
Belcourt, Toulouse
Blanc, Lyon
Blot, Lille
Blum, Folies–Drama.
Blangy, Opéra-Comique
Bodoès, (Joseph,) Bruxel.
Boudin, id.
Bouchez, Bruxelles
Bouchez, (mad.) id.
Bousselet, père, id.
Bousselet, fils, id.
Bocage, Gymnase
Borsary, Lille
Boilleau, Paris
Boni, (Ed.) Gaîté
Bonnefoy, (Mlle) funan.

Bordier, (mad.) Panthéon.
Boisary, Temple.
Botelly, Opéra-Comique
Bouchez, (Mlle) Lille
Bouffé, Gymnase
Boulot, Opéra
Bourbier, (Mlle) Paris
Bourdon Plessy, Folies
Brochard, (Mlle) Rouen
Bourgeois , Mont-Parnasse
Bruyat, Lyon
Breton, Lyon
Breton, (mad.) id.
Brunet, (mad.) id.
Brulé, Calais.
Breaux, Panthéon
Brosil, Gaîté
Briel, Lille
Brohan, (Mlle) Vaudevil.
Burg, Paris
Buy, Lyon
Bongars, Ambigu
Barville, id.
Bailly, id.
Boulard, (Victor,) Rennes
Bizet, (mad.) Châlons
Bandouin, Louise id.
Brunnet,–Mira, Paris
Coudère, Opéra-Comique
Caroline, (Mlle) Paris
Colonna, Paris
Constant, id.
Charnot, (Ed.) id.
Canus, Bruxelles
Camut, Temple
Camille, (Mlle.) id.
Camille, (Mlle) Cirque
Cransposzini

Cavé, régisseur, Marseille.
Camus, (Charles,) id.
Canaple, Bruxelles
Coulon, (Eugénie,) id.
Cottier, (H. J.) id.
Cornélis, id.
Coignet, (Désirée) id.
Célicourt, Lyon
Célicourt, (mad.) id.
Chéry, Cirque
Cheza, (mad.) Gaîté
Chollet, Opéra-Comique
Chartres, Toulouse
Charlet, Gaîté
Clément, Bordeaux
Clarisse, (Mlle) Gaîté
Clorinde, (Mlle) Folies
Collette, Bruxelles
Constant Maigne, Panthé.
Coraly, (fils,) Opéra
Courtois, (Mlle) Lille
Courrier, (mad.) Montpel-
   lier
Cuzent, Cirque.
Cuzent, (Mlle) id.
Clairville, Ambigu
Chilly, id.
Cuillier, id.
Coquet, id.
Coquet, (mad.) id.
Cudot, Rouen
Coraly, (père,) Opéra
Chambery, Renaissance
Chambery, (mad.) id.
Cenan, (mad.) Paris
Chalbos, (mad.) Folies
   Dramatiques
Coquet, (Sophie,) Lyon

Clairanson, (mad.) id.
Chery, (Louis) Renaissan.
Darcy Roudiers (Mlle Alice)
   Vaudeville
Darcy Rouviers (Mlle Camil.)
   id.
Dailly, (Armand,) França.
Damoreau, (mad. Cinti,
   Opéra-Comique
Danceray, Funambules
Daudé, Opéra-Comique
Davesne, Gymnase
Debonnaire, id.
Delaunay, (Élisa,) Bruxel.
Dehuy, (Marie,) id.
Duruisel, id.
Debureau, Funamb
Declé, (Fleury,) Lyon
Dedecker, Bruxelles
Déjazet, (Mlle) P.-Royal
Delaistre, Gaîté
Delamotte, (mad.) Lille
Delerot, Bordeaux
Delille, (mad.) Cirque
Derivis, Opéra
Dermy, (Jules,) Dieppe
Dennery, (Philippe,) Vau-
   deville
Derval, Palais-Royal
Devieux, Calais
Deschamps, Funambul.
Descotes, (Mlle) Fol. Dra-
   matiques
Deshayes, Gaîté
Desmousseaux, (mad.)
   Français
Desmousseaux, id.
Despréaux, (Mlle) Folies

Dramatiques

Després, (mad.) Gymnase
Deveria, Bordeaux
Dégruilly, (Ch. F.) Lyon
Dhéron, Bordeaux
Dobré, (mad.) Opér.
Domange, (Albert) Toulouse
Dorgebraix, Luxembourg
Dorlange, Folies
Dorsan, (mad.) Calais
Dorus-Gras, (mad.) Opéra
Dorval, (mad.) Français
Droit, (mad.) Panthéon
Dubourjal, Panthéon
Dubreuil, (Renouf) Toulouse
Dumesnil, id.
Dumont, (mad.) Cirque
Dumoulin, Folies
Dupont, (Alexis) Opéra
Dupont, (mad.) id.
Dupuis, Cirque
Duprez, Opéra
Duprez, Bruxelles
Durand, Mont-Parnasse
Dusser, Cirque
Duval, (Aline) Panthéon
Darcey, (mad.) Ambigu
Delouchènes, (Ernest) Châlons
Dusseyte, Dijon
Desnoyers, Paris
Duval, (père) Saint Quentin
Delafosse, Rouen
Delamarre, id.
Delimbre, id.

Dessains, id.
Duverger, correspondant, Paris
Desbierres, (mad.) Lyon
Dalorès, Paris
Duez, (Charles) id.
Dejean, (Dtin.) id.
David Viallet, id.
Daleges, id
Delcourt, id.
Duval, id.
Desormes, (Léon,) id.
Euzet, Renaissance
Edlin, (Mlle) Paris
Elian, (mad.) id.
Edmond, (Galand,) Cirq.
Esse, (père) Lyon
Eugène, Ambigu
Florval, (Mlle) Paris
Félicie Larobre, id.
Fleury, (Emile) id.
Ferdinand Laloue, (père,) id.
Ferdinand Laloue, (fils,) id.
Ferdinand, id.
Fortuné, id.
Faivre, (Mlle) Lyon
Fanollid, Bruxelles
Fougère, Palais-Royal
Fargeuil, (Mlle) Vaudevi.
Fargeuil, (père) Renaissa.
Faidy, (mad.) Cirque
Felicien, Bordeaux
Ferdinand, Folies
Ferrin, Lille
Félicie, Dieppe
Firmin, (mad.) Luxembourg

Fitz James, (Nathalie) Op.

Fitz James, (Louise) id.

Fieux, (Charles) Lille

Florville, (Casim.) Montpel.

Fontenay, Vaudeville

Fontenay, (Elise) Folies

Fournel, Gaîté

Francisque, (aîné) id.

Francisque, (Jeune,) id.

Francouy, (Adolphe) Cir.

Frémolle, Opéra

Fierville, Ambigu

Fayolle, Châlons

Feitlinger, (Samuel) Bruxelles

Feitlinger, (mad.) id.

Fafin, (Louis) id.

Génot, Opéra Comique

Guenot, (Ernest) Paris

Guenot, (mad.) id.

Guerpond, id.

Gros, (Eugène) id.

Gagnon, Lyon

Gaffelot, Bruxelles

Grâve, (Angélina,) id.

Guillemin, (Charles) directeur, id.

Génevoise, id.

Guichard, id.

Garcia, (mad.) Opéra-Comique

Gauthier, (mad.) Gaîté

Gauthier, Cirque

Gainard, Caen

Germain, P.-Roy.

Granville, (mad.) Folies

Glaçon Cirque

Goudard, Caen

Grignon, Opéra-Comique

Guerin, (Emile) Toulouse

Guillemin, (mad.) Vaude.

Guyon, Français

Guyon, (Amélie) id.

Georget, Rennes

Gènet, (Paul) Rouen

Goy, (Virginie,) id.

Hanoé, Bordeaux

Hanoé, (aîné.) id.

Hamilton, Lyon

Hallauzier-Dufrénoy, (directeur,) Arras

Habeneck, (Mlle) Gymna.

Haquette, directeur) Caen

Herguez, (régisseur,) Lyon

Herguez, (mad.) id.

Hermond, (Albert) Bordeaux

Hendrick, (Antoine) Lille

Henry Deshayes, Opéra-Comique

Henzey, Folies

Henry, Cirque

Herdliska, (mad.) Paris

Hortense Jouve, Folies

Hortos, (Amédée) régiss.) Belleville

Hortos, (mad. id.

Hurteaux, (Julien) Paris

Hébert, (mad.) Rouen

Hébert, (Mlle) id.

Heyman, id.

Irma de Bonnier, Paris

Jemma, Porte-St-Martin

Jaubert, Toulouse

Jenin, (Victor) id.

Jolly, (Amélie) Montpel.

Jolly, Henry, père id.
Jouenny, Moyes Calais
Joanny, Français
Joaline, mad. Arras
Joseph, (maître-Jean,)Gaî.
Jolisbois, Funambul.
Julien, Bordeaux
Jansenne, Bruxelles
Justine, Luxembourg
Judelin, Paris
Julie, Caen
Juillet, Bruxelles
Juillet, (mad.) id.
Keppel, Paris
Koopp, id.
Klein, Gymnase
Kihn, Folies
Kime, Rouen
Langeval, Paris
Laty, (mad.) Caen
Laffite, (Jules, régisseur,) Calais
Laffite, (Edouard) Paris
Lahousset Foldony, (ma.) Calais
Lalande, id.
Lambert, Lyon
Laurent, (mad.) Arras
Ladragen, (Auguste,) id.
Laurent, (Martial) Arras
Landrol, (Hy.) Gymnase
Lalanne, (aîné) Cirque
Laurent, id.
Lacressonnière, Belleville
Lansois, Panthéon
Lemonnier, Bordeaux
Leclerc, id.
Leroy, Lyon

Legros (Angeline,) id.
Legaigneur, (mad.) id.
Leroy, (mad.) id.
Lecerf, id.
Lemaire, (Scipion,) Lille
Levengeux-Lemat, Toulouse
Levasseur, Opéra
Lepeintre, (aîné,) Variétés
Leroux, (Ve. Eugénie) Arras
Leménil, Palais-Royal
Leménil, fils id.
Leménil, (mad.) id.
Léontine, Gaîté
Leroux, Cirque
Laure, (mad.) Paris
Lejars, id.
Lejars, (mad.) id.
Levilly, id.
Lebel, id.
Leroux, (mad.) Folies-Dramatiques
Lebrun, Luxembourg
Leriche, Mont-Parnasse
Leblanc, Caen
Letellier, Montpellier
Ligier, Français
Liot, (Émile) Gaîté
Liodon, Caen
Luguet, Bruxelles
Ludovic, Bruxelles
Lucile, Luxembourg
Lucienne, (mad.) id.
Lafond, (mad.) Paris
Lyot, Arras
Lemadre, Ambigu
Lambequin, id.

Lambequin, (mad.) id.
Léonide, (Mlle) id.
Lienard, (Ernest) Porte-
  Saint-Martin
Lesbros, Rouen
Léontine, (Mlle) Paris
Ludovic, (mad.) St-Ant.
Leplus, (mad. Jeny Colon)
  Bruxelles
Lovie, id.
Lebrun (S.) id.
Leroy, (F.) id.
Lavigne, (Marie) id.
Lhérie Brunswick, Gaîté
Marieul, Paris
Martin, (Mlle) Vaudeville
Mauzin, (Alexandre) Am-
  bigu
Martel, Montpellier
Maillot, Lyon
Martin Lecorps, Calais
Martin, (mad.) Variétés
Martial, id.
Marié, Opéra
Mazillier, id.
Massol, id.
Mabile, id.
Mars, (Mlle) Français
Masset, Opéra-Comique
Mayer, direct. de la Gaîté
Montigny, directeur, id.
Mayer, Folies
Mangin, Luxembourg
Mangelaire, Temple
Marty, (Gabriel) Porte-St-
  Martin
Marty, (J.-B.) Paris
Mathis, (mad.) Dieppe

Martial, (mad.) Caen
Martial Santerre, id.
Menjaud, Français
Mélanie, (Mlle) Gaîté
Méchin, Cirque
Mégnan, Temple
Meunier, id.
Mézeray, Montpellier
Michaud, Bruxelles
Miland, Toulouse
Mitanie, (Elise) Panthéon
Montmeart, Lyon
Molinie, Opéra
Moreau, (Eugène) Pan-
  théon
Moker, Opéra-Comique
Moreau-Sainty, id.
Montgenot, Arras
Moreau jeune, id.
Montalame, Bordeaux
Morand, Gaîté
Martin, (Mlle) Ambigu
Messotte, (Francis) Châ-
  lons
Michot, Temple
Montdidier, Renaissance
Marchoise, Paris
Monnier d'A., Bruxelles
Mathieu, id.
Mailly, (Hector) id.
Montassu, (Hélène) id.
Navarre, Panthéon
Nathalie, (Mlle) Gymnase
Neuville-Dubourg, Gaîté
Nougaret, (Mlle) Gymnase
Numa, id.
Octave, Folies-Dramatiq.
Octave, Lille

Octave, Luxembourg

Oscar, Palais-Royal

Ozy, (Caroline) Lille

Paroisse, (Claire) Arras

Perlet, Paris

Palaiseau, Folies

Panol, Panthéon

Patonelle, Cirque

Paul, Gymnase

Pélagie, (mad.) Cirque

Pelletier, Temple

Pellevilain, Panthéon

Perret, Cirque

Petitpas, Opéra

Petit-Pélegny, Lille

Piconet, (Mlle) Temple

Piel, Panthéon

Pierron, id.

Plessis, (Mlle) Français

Pougin, Lyon

Potier, (Henry mad.) Op. Comique

Potier, (Charles) Folies

Pottiers, (Théodore) Lille

Pougen, (Auguste) Arras

Pollet, Lyon

Provente, (ex-direct.) Lyon

Prud'homme, Luxembourg

Prades, Gaîté

Prévost (Ferdinand) Opéra

Prevost, (Zoé) Opéra-Comique

Provost, Français

Prosper, Ambigu

Paulin-Crasson, directeur, St Quentin

Potiers, (mad. veuve) Paris

Pauline, (Amant) id.

Paulin, id.

Plessis, id.

Pourcelle, id.

Philipp, (Jacob) Bruxelles

Paul, id.

Rachel, (Mlle) Français

Raucourt, Porte-St-Martin

Ravel, Vaudeville

Ravel, (mad.) id.

Raymond-Gourreau, Bordeaux

Raymond, Luxembourg

Raymond-Prévost, Cirque

Renout, (Adrien) Lyon

Redet, Lille

Ray, (Hippolyte) Gaîté

Richeman, Bruxelles

Reynaud, (Hip.) id.

Reguiener, (Augustine,) id.

Regnier, Français

Renoux, (F. Dubreuil,) Toulouse

René, (Alphonse) Anvers

Rozeville, Gymnase

Rion, Arras

Roule, Lyon

Rousseau, id.

Roger, Opéra-Comique

Roger, Paris

Rossi, (mad.) id.

Roche, Caen

Roguier, id.

Romainville, Bordeaux

Roger, Ambigu

Roustan, (Philippe Jovial) Porte-S-Martin

Remy, (Charles) Tours

Roguin, (Rosa) Rouen

Rougemont, (Mlle) Folies
Signol, Cirque
Sainti Lstancelin, Bordeaux
Saint-Hilaire, Ambigu
Saint-Hilaire Brossa, Paris
Saint-Firmain, (mad.) Ambigu
Saint-Aulaire, Français
Saint-Marc, (Eugénie) Vaudeville
Sainville, Palais-Royal
Sage-Dieu, Temple
Sallerin, Cirque
Samson, Français
Sandre, Lille
Sauvage, (Eugénie) Variétés
Savart, Caen
Ségny, Lyon
Serda, Opéra
Saint-Ernest, Paris
Sophie, Cirque
Stéphany, (Justine) Diep.
Stéphanie, (Alphonsine) id.
Stéphanie, Gaîté
Surville, id.
Silvain, (mad.) Temple
Salvador, Ambigu
Saudelin, (mad.) Lyon
Solomé, régisseur général Bruxelles
Spanaghé, (Estelle,) id.
Soyer, id.
Singier, Paris
Teisseire, id.
Thibault, (Adèle,) id.
Taylor, (le Baron) Paris
Taigny, (Émile, Vaudevil.
Taigny, (mad. id.

Tanney, Cirque
Tappa, (Xavier,) Toulouse
Thirard, Arras
Thénard, (mère) Bordea.
Thiébault, (mad.) Lyon
Thiébault, Funambules
Thierry, Temple
Thierry, (mad.) id.
Thierry, (Mlle) Luxembourg
Thillon, (Anna) Opéra-Comique
Thivo, Cirque
Théodore, Caen
Thuillier, Bordeaux
Thénard, id.
Tisserant, Gymnase
Torin, (Adolphe) Funambules
Toussaint, Panthéon
Toussaint, (mad.) Paris
Travers, Lyon
Tornelis, Bordeaux
Viltard, Paris
Vedel, ex-directeur, Français
Valteau, Bordeaux
Valnay, Palais-Royal
Varlet, Français
Vernet, Variétés
Verdelet, Lyon
Vigny, id.
Vigny, (Elisa.)
Vilet, id.
Victor, Bruxelles
Victor, (Philippe,) id.
Vandiniyden, (G. F.) id.
Vanruisselle, Virginie, id.

Vanden Eyden, id.

Vidal, Calais

Vilneuve, Caen

Vibert, Arras

Videix, Panthéon

Villot, (Armand) Folies

Voidet, Temple

Voisin, Cirque

Voisin, (mad.) id.

Volnys, Gymnase

Volnys, (mad.) id.

Vernon, (Charles) Rennes

Walvins, Paris

Wartel, Opéra

Widemann, (mad.) id.

Williams-Addisson, Cir-
que

Worms, (Hippoly.) Vau-
deville

Youtot, (François Tappa.)
Toulouse

Zelger, (Henri) Lille

SUITE DES SIGNATAIRES

DE L'ACTE D'ASSOCIATION.

Adam, (mad.) Lyon.

Adolphe, (mad.) Vaude-
ville.

Adrien, Variétés.

Alexandre, Français.

Alfred, Dieppe.

Allard, Lille.

Allard, Paris.

Amant, Vaudeville.

Anaïs, (Mlle) Français.

Anal, Lazary.

Angéline, (Mlle) Folies.

Anna, Mont-Parnasse.

Annet, Troyes.

Annet, (mad.) id.

Arguet, Comte.

Assenac, Hâvre.

Auguste, Mont-Parnasse.

Avocat, (Victor) Opéra-
Comique.

Albert, (Alfred) Ambigu.

Alexandre, P.-St-Martin.

Auguste, Porte-St-Martin

Allan, Reims.

Anglès, id.

Ancelle, (Adolphe) id.

Asmas, Dijon.

Albert, (Pierre) Anvers.

Banes, (mad) Limoges.

Barthelemy, Palais-Royal.

Ballard. Vaudeville.

Baisse, (Léonce) Troyes.

Barbe, Dieppe.

Benoît, Limoges.

Berthou, Vaudeville.

Bernard-Beaupré, Nevers.

Bertin, rég. g., Nantes.

Bertin fils, id.

Bernette, Toulouse.

Bergus, (mad.) Troyes.

Béranger, (mad.) Français.

Beauvallet, id.

Biron, (mad.) Palais-Royal.

Blondeaux, Comte.

Blanchard, Nantes.

Blanchard, (mad.) Opéra-Comique.

Boeldieu, Anvers.

Bonnet, Comte.

Bordier, Gymnase.

Boudier, (Mlle) Luxembourg.

Bougnot, (mad.) Panthéon

Bougnol, (Mlle) Mont-Parnasse.

Boulanger, (mad.) Opéra-Comique.

Briant, Limoges.

Breton, Hâvre.

Bressan, (mad.) Variétés.

Brindeau,   id.

Burat, Panthéon.

Bussy-Boiarvoise, Paris.

Boutin, Ambigu.

Bergeroneau, Dijon.

Brazier, Porte-St-Martin.

Beauchêne, (Mlle Atala) Porte-St-Martin.

Belval, (Sophie) Rennes.

Belrive, (Anaïde) id.

Bellemin, Châlons.

Boudron, (Théodore) Angoulême.

Boyer, (mad.) Angoulême.

Bernard, (F. Kutk) Tours.

Boislac, (Etienne)   id.

Bertrand, (Jules)   id.

Caudron, (mad.) Limoges

Cazot, Variétés.

Cazaubou, Nantes.

Carrat, Variétés.

Couriade, Vaudeville.

Cayat, (mad.) Anvers.

Caudron, Limoges.

Colomb, Montpellier.

Ceuillen, Limoges.

Céline, (Mlle) Pal.-Royal.

Chaumont, Lazary.

Chatou, (Mlle) id.

Chapou, (Délia) id.

Charlet, Hâvre.

Chateaufort, id.

Chevalier,   id.

Charlet, (mad.) id.

Cinti, (mad.) Gaîté.

Clara, (Mlle) Variétés.

Clarisse, (Mlle) P.-Royal.

Clermont d'Hebrou, Nantes.

Clermont,   id.

Clairville J. Variétés.

Compère,   Comte.

Comte, directeur,   id.

Chatelain, (mad.) Châlons.

Coligny, Troyes.

Cochèze, (mad.) Nantes.

Constant, (Henri) Anvers.

Constant, (P. F.)   id.

Cossard,   Lyon.

Cossard, (mad.) id.

Cornélie, Bordeaux.

Combettes, directeur, Angers.

Cressant, Nantes.

Culler, Montpellier.

Chardou, Dijon.

Cougard,   id.

Charlet, P.-St-Martin.

Couriot, (Anastasie) Reims

Célicourt,   Angoulême.

Chevalier, (Virginie) Angoulême
Colson, (J. André) Tours.
Doche, (mad.) Vaudeville.
Dogemonot, Comte.
Dolebelle, Dieppe.
Dorsay père, Temple.
Dorsay fils, Hâvre.
Dorsy, (Mlle) P.-Royal.
Doze, (Mlle) Français.
Dubar, (Mlle) Limoges.
Ducorps, id.
Dubar, id.
Dubief, Lazary.
Dubois, (mad.) Français.
Duchateau, Nantes.
Duchêne père, Hâvre.
Dacier, (Mlle) Op.Comique
Defourneaux, (mad.) Pal.-Royal.
Dejean, Montpellier.
Dejean, (mad.) id.
Delacroix, Bruxelles.
Delalhoure, Troyes.
Delière, (Mlle) Comte.
Denain, (Mlle) Français.
Deschamps, Gymnase.
Dermont, Comte.
Dhèbron, (mad.) Nantes.
Dufand, Comte.
Duluc, Montpellier.
Dumouchel, Cirque.
Duplanty, Paris.
Dupuis, (Mlle) P.-Royal.
Duprez, Mont-Parnasse.
Dussert, (mad.) Variétés.
Davenay, (mad) Ambigu.
Dalais, (André) Dijon.

Dubois, Porte-St-Martin.
Dubois, (mad.) id.
Delongpré, Rennes.
Denoux, (R.-L.) Châlons.
Donglade, Gaîté.
Derbordes, (Clémence) Tours.
Delpierre, Amiens.
Edmond, Luxembourg.
Edouard Loup, Variétés.
Emile, Mont-Parnasse.
Emon, Opéra-Comique.
Ernestine, Variétés.
Esther Bougars, Variétés.
Eugène, Gaîté.
Eugène, Mont-Parnasse.
Ferrare B., Hâvre.
Ferrand, (Jules) Lyon.
Ferry, (Mlle) Dijon.
Ferville, Vaudeville.
Fédé, Toulouse.
Fédé, (Mlle) id.
Félix, Français
Firmin, id.
Fitzelier, (mad) Cirque
Fieux, (mad) Montpellier
Flore, (Mlle) Variétés
Fleury, Vaudeville
Fleury, (mad) Montpellier.
Fonta, Français
Fournier, Gymnase
Folleville, Paris
Foignet, (Mlle) Nantes
Fonrent, Caen.
Fradelle, Vaudeville
Fosse, Reims
FauchonditChevalier,Dijon

Fleury Ducommun, Tours

Foivre Ed. Angoulême

Gailly, Palais-Royal

Gamory, Luxembourg

Gabriel, Gaîté

Garbet, (Louis) Hâvre

Gèffroy, Français

Gelliot,   Paris

Germain, (Adolphe)   id.

Girez, Lyon.

Gilbert, (Caroline) Hâvre

Glaize,   id.

Goineau, (mad.) Troyes

Goizon, (Alexandre) La-
   zary

Gorneau , (Edmond)
   Troyes

Gougibus père, Paris

Goutin (M) Limoges

Goutin, (Henri) id.

Grassot, (mad.) P-Royal

Guiaud, Français

Gros, (Anatole) Ambigu

Grailly (E) Porte-St-Martin

Guichard, (Pauline) id.

Goudouin (Ed.) Rennes

Gérard (Ed)   id.

Génard, Gaîté

Galais, Châlons

Gastier,   id.

Grave, (Anna) P-Royal

Gastier Desinsez, Châlons

Gribauval, Reims

Guillemain, (Julie) Tours

Gaillard, Amiens

Goudouin J, le Mans

Gatineau, (Ad) Melun

Grousseau, Tournay

Harly (J) Hâvre

Hossard, Opéra-Comique

Homel, Français

Heus, Opéra

Henry, Nantes

Henry, (Pauline) Lazary

Houdry, (mad.) Variétés

Hyacinthe,   id.

Héliard , Porte-St-Martin

Héret,   id.

Honoré,   id.

Illac, Toulouse

Ivannaz, Gymnase

Jourdon, Hâvre

Josse,   Montpellier

Jolly, (Félicité)   id.

Jolly, (Joseph)   id.

Jolly, (Frédéric)   id.

Jolly, (Auguste)   id.

Jolly, (Céline) Lazary

Jolly,   id.

Jolivet, Variétés

Joannis, Français

Joubert, (Mélanie) Vaude-
   ville

Julian, (mad.) Opéra

Julian, (Mlle) Panthéon

Julienne, Gymnase

Jolly, Nantes

Jeault, directeur, Angou-
   lême

Jeault, (mad.)   id.

Jubin,   id.

Joigny, (mad.)   id.

Joanny, corresp. Paris

Kaudelka, (Glandie) Dijon

Keller, Lazary

Kleine, Comte

Kutnz, (Joséphine) Mont-
pellier

Kuck, régisseur, Tours

Lohoust-Foldouy, Calais

Labryère, Hâvre

Lamy, Troyes

Lavillière, Nantes

Laferrière, Vaudeville

Larcher, (Mlle) Français

Lacroix, Dijon

Lambert, (Elise) id.

Lafond, Variétés

Lainé, (mad.) Gaîté

Laba, Français

Laniel, (Mlle) Comte

Laurois, id.

Lacourière, Panthéon

Lecouvreur, Hâvre

Lemaire, Dijon

Lecouvreur, (Henri) Hâ-
vre

Levasseur, (mad.) Lyon

Leniousse, Limoges

Lepeintre, (jeune) Vaude-
ville

Lestage , (mad.) Opéra-
Comique

Lecomte, (mad.) Variétés

Lefebure, id.

Levassor, id.

Leroux, (Pauline) Opéra

Lemaire, Dieppe

Lemesle, (mad.) Montpel-
lier

Lhéritier, Palais-Royal

Lionel, Variétés

Livron, (Mlle) Montpellier

Loiret, (Eugène) Hâvre

Longayreau, Dijon

Lureau, Comte

Laurenson, P.-St-Martin

Laurenson, (mad.) id.

Lajariette, id.

Lemaire, (Charles) Reims

Luther, (Anna) id.

Luther, (Amédine) id.

Lafitte, id.

Lafitte, (mad.) id.

Lemaire, (Hippolyte) id.

Lemaire, (mad.) id.

Lati, Angoulême

Legère, Tours

Lecerf, Bruxelles

Leville, Ambigu

Lalande, (Adolphe) Melun

Malpart, Dijon

Mangin, Montpellier

Masson Dalty, (mad.) Li-
moges

Mathieu, Français

Mainvielle, id

Maillart, id.

Marius, id.

Mathilde, (mad.) id.

Mayeur, (Mlle) Toulouse

Mante, Français

Mauraizin, Gymnase

Marchand (J.), Hâvre

Mary, id.

Mathurel, (mad.) P.-Royal

Marigny, id.

Martin, Lazary

Masson, Mont-Parnasse

Martin Saigne , (mad.)
Montpellier

Melotte, (Félix) Vaudeville

Melotte, (mad.) Opéra-Co-mique
Meunier, (Chéry) Limoges
Meunier, (Mary) Vaude-ville
Meronnet (E.), Hâvre
Meyer, (Agnès) Limoges
Minie, Dieppe
Michel, Temple
Michau, (St-Ernest) Lille
Mignot, id.
Mirecourt, Français
Miroir, Limoges
Miroir, (mad.) id.
Michel, (mad.) Montpellier
Michel, (Hippolyte) id.
Michel, (Edmond) id.
Moreaud-Modemer, Dijon
Moreau, (Hy) id.
Morin, (Louis) id.
Monrose père, Français
Monrose, (Louis) Anvers
Monrose, (Eugène) Gaîté
Moreau, (mad.) Panthéon
Montangérond, Troyes
Montangérond, (mad.) id.
Morel Thémine, (mad.) Anvers
Mordand, (Mlle) Hâvre
Mordand, (Désiré) id.
Moutin, (mad.) P.-Royal
Monnet, Ambigu
Menier, id.
Marius, Porte-St-Martin
Marchand, id.
Moëssard, régisseur, id.
Missonnier, Rennes.
Mignot, (Camille) id.

Mauroy, Marseille
Méteau, Angoulême
Mongeot, (mad.) id.
Maillart, correspond. Paris
Mir, Perpignan
Mésange le Perdrix, Cirque
Mariette, Opéra-Comique
Nief, (Louis) Limoges
Noblet, Français
Nonjoux, Châlons
Nonjoux, (Mlle) id.
Odry, Variétés
Olivier, (Mlle) id.
Ozy, id.
Olivié, (Amélie) Nantes
Oudinot, id.
Palianty, (Charles) Dijon
Palianti, Opéra-Comique
Pailletnief, (Zoé) Limoges
Parizot, Lazary
Paris, Nantes
Paris, (Désiré) Hâvre
Parent, Paris.
Pauline, Panthéon
Perrot, Limoges
Pernon, (Mlle) Pal.-Royal
Perrault - Esse, (mad.) Nantes
Perret, Panthéon
Périer, Français
Petitpas, Nantes
Pierron, Panthéon
Ploguin, Limoges
Poisteaud (mad.) Panthéon
Poirier, directeur, Dijon
Poirier, (Charles) id.
Poirer, née Astruc, id.
Pradès, Lyon

Pradent-Drapean, Amster-dam

Prosper Goty, Variétés

Prévost, (Héloïse) Ambigu

Prudhomme, directeur, Anvers

Perin, Porte-Saint-Martin

Prosper, (Mlle) id.

Perrault, Châlons

Poilvé-Dionet, Angers

Panot, direct. Angoulême

Ponfiot, (Edouard) Stras-bourg

Potier, (Emile)   id.

Pougin, (mad.) Lyon

Rabut, (Mlle) Français

Rébare, Gymnase

René, (Alp.) Anvers

Richard, (Charles) Dijon

Riquier, Opéra-Comique

Robineau, (M. J.) Nantes

Robineau, (Aimé)   id.

Roche,   id.

Robert, Français

Robert, Bordeaux

Roussel, (mad.) Anvers

Roussel,   id.

Robert Drouville, Français

Riché,   id.

Saint-Ernest, Ambigu

Saint-Albe, (mad.) Limoges

Saint-Albe,   id.

Saint-Foix, Op.-Comique

Saint-Léon, Anvers

Saint-Mar, Gaîté

Saint-Paul, père, Français

Saint-Prix, Nevers

Séguin, Lazary.

Simon, (Mlle) Comte

Stéphane, (Gustave) Nantes

Stéphen, (mad.) P.-Royal

Stermann, Nantes

Stévens, (Anne) Hâvre

Subra, Comte

Sylvestre, Gymnase

Ssvartz, Troyes

Simonet, (Stéphanie) Rennes

Sage, Tours

Simon, (Alexis) St-Etienne

Talichet, (Francisque) Montpellier

Talichet, (mad.) Montpellier

Tantin F. Dupré, Nevers

Tavernier, Clermont

Thénare, (mad.) Français

Thénare, (mad.) Vaudeville

Théodore, (mad.) Caen

Tille, (Constant) Nantes

Toudouze,   id.

Touzez, (Alcide) P.-Royal

Touzez, (mad.) Français

Toni, (Flore) Lyon

Tournan, P.-St-Martin

Thérain,   id.

Tremblay-Lamberty, Lisieux

Trouvé, (Adolphe) Angoulême

Tolozé, (Alfred) Tours

Trévaux, Opéra

Touny père, dir. Rennes

Ulric,   Lyon

Valcourt, régisseur, id.
Varin, Comte
Vallet, Montpellier
Villars, Porte-St-Martin
Victorine St Victor, Pan-
théon
Vissot, Porte-Saint-Martin
Vizentini, (Auguste) Vaud.
Varnier, id.
Varez, régisseur, Gaîté

Valmont, (mad.) id.
Vaudin-Lafond, Tours
Vizentini J., correspond.
Paris
Valmore, Paris
Valmore, (mad. Derbor-
des) Paris
Wandernot, Comte
Worms, (Hippolyte) Vau-
deville

AVIS

Les artistes sont prévenus qu'il sera remis à ceux qui solderont leur année de cotisation courante, une carte spéciale de SOCIETAIRE au revers de laquelle seront inscrits les reçus successifs du solde de chaque année jusqu'en 1849.

———

Par sa circulaire adressée à MM. les directeurs, régisseurs et artistes qui font partie de l'association, le comité sollicite leur concours pour opérer à l'avenir la perception des cotisations mensuelles dans chaque troupe des départements. Il ne doute pas de l'empressement qu'ils mettront tous à rendre cet éminent service à l'association.

PARIS. IMPRIMERIE DE MOQUET ET COMP,
rue de la Harpe, 90.

www.ingramcontent.com/pod-product-compliance
Lightning Source LLC
Chambersburg PA
CBHW060809280326
41934CB00010B/2617